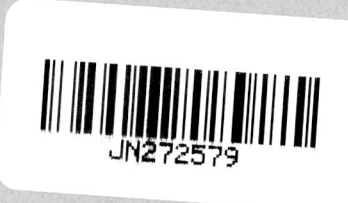

つみ木あそびの本

岩城敏之
Iwaki toshiyuki

つみ木あそびの本　もくじ

もくじ

写真／神崎順一

つみ木あそびの本

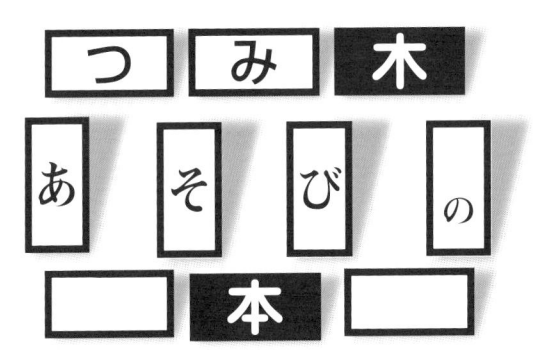

ならべてみよう

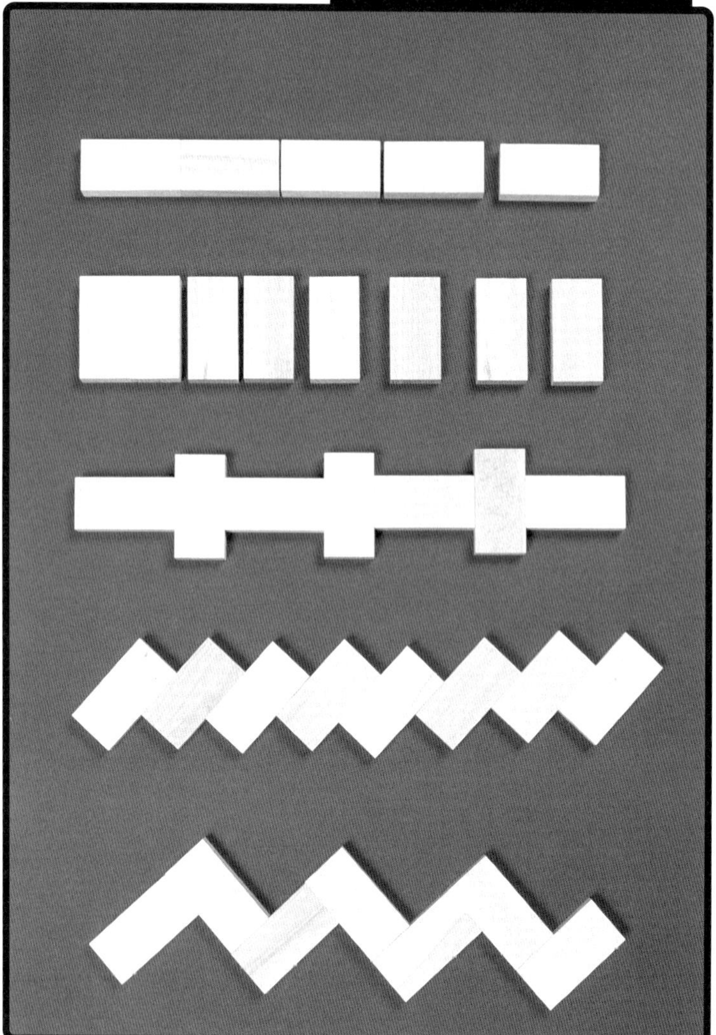

なが〜い！

まるくならべる

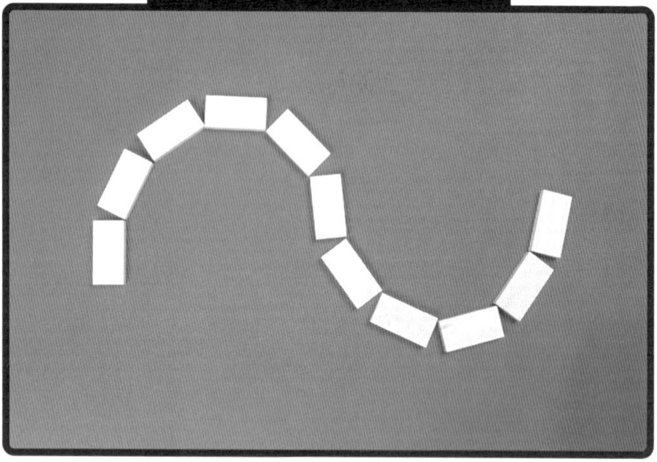

ぐるぐるぅ

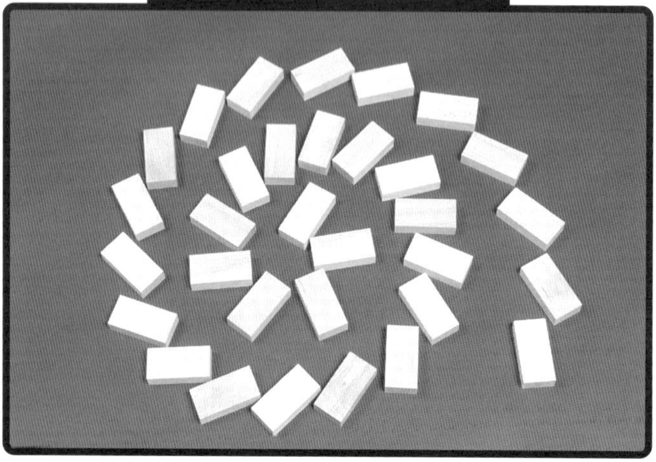

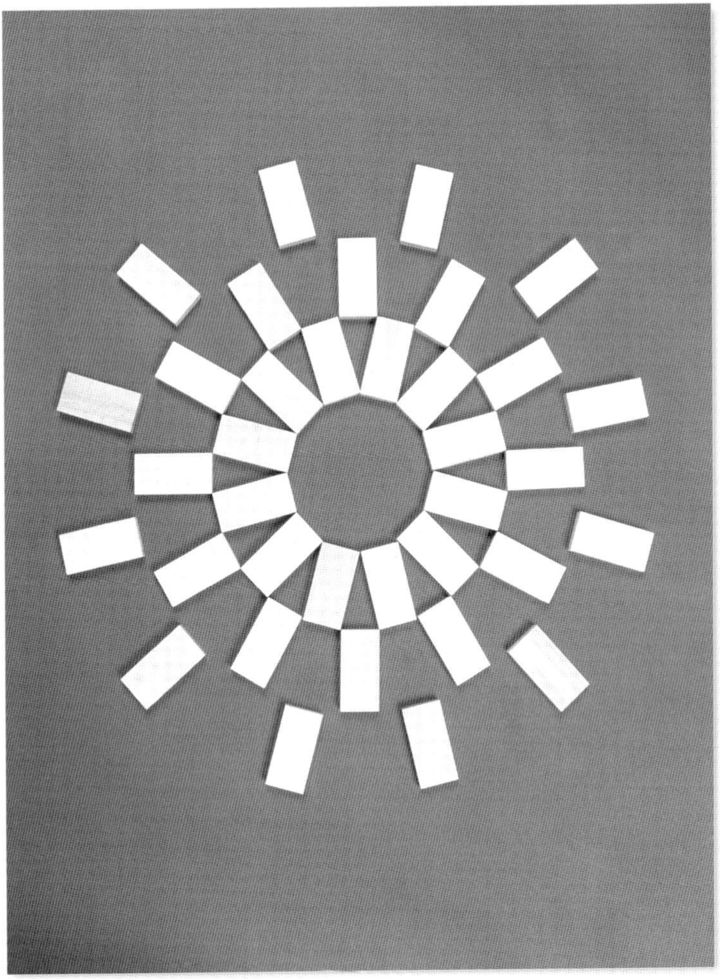

ドカーン!!

かさねてならべてみよう

運河《うんが》みたい

模様《もよう》をつくろう

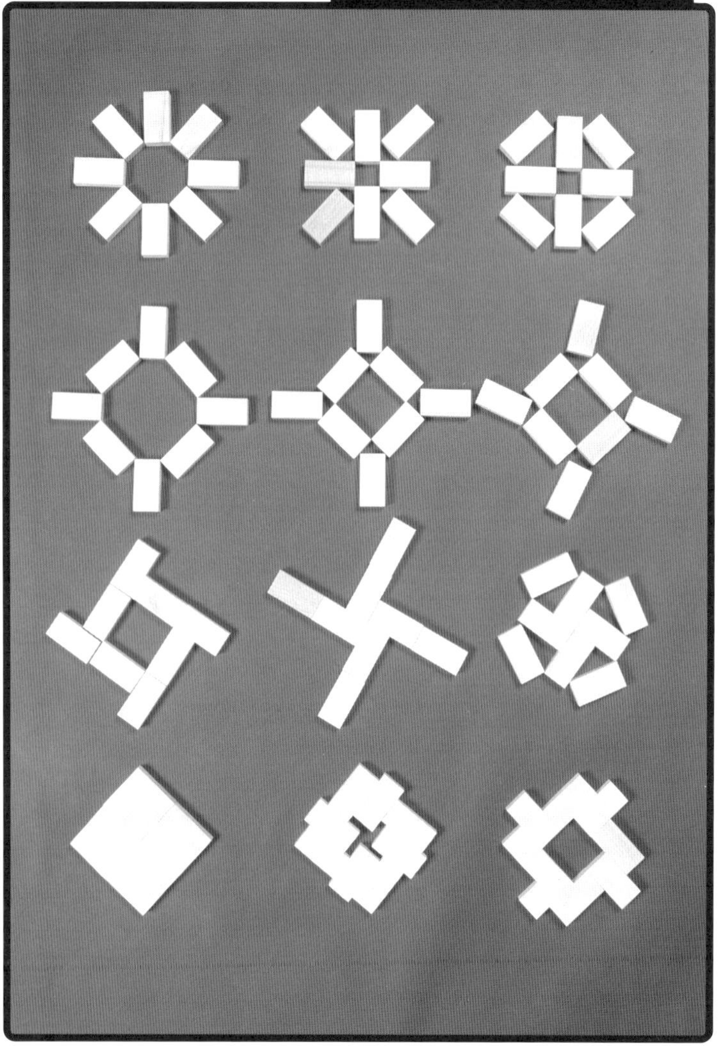

たった8ケのレンガつみ木でいろんな模様がつくれる

三角形《さんかくけい》であそぼう

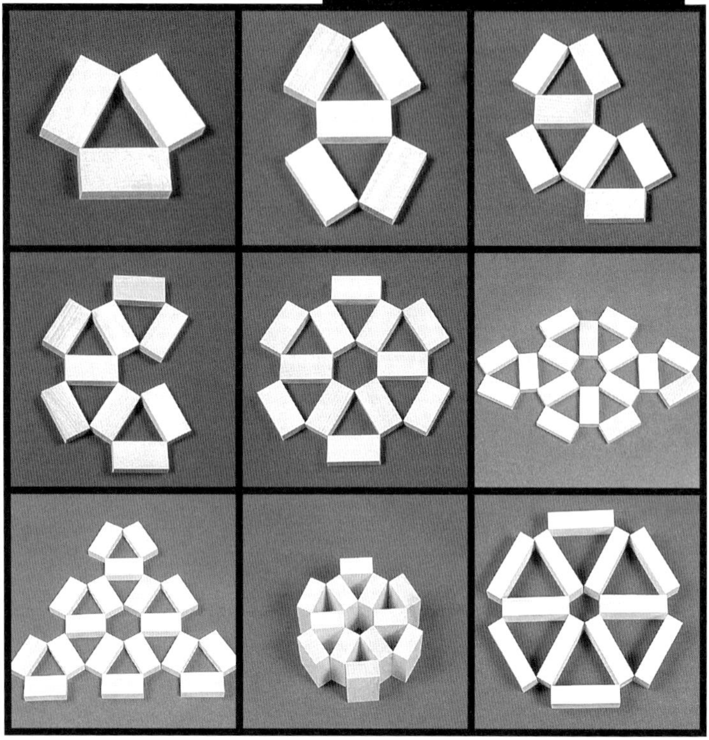

角とあわせて三角形をどんどんつないでいくと……
いろんな形がでてくるよ

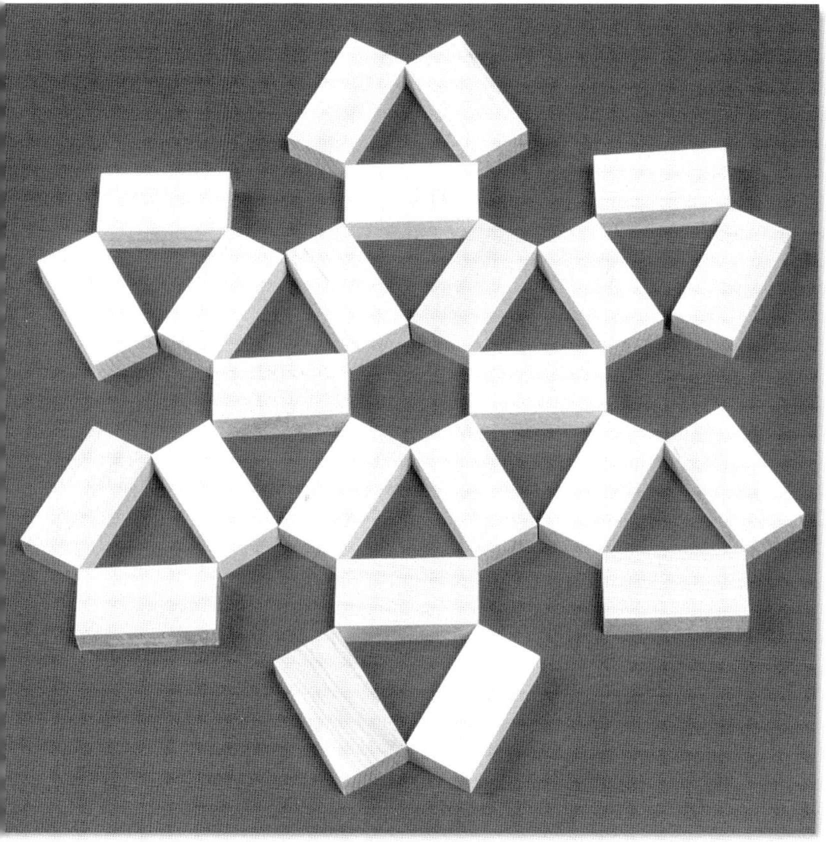

お花かな？　星かな？

四角であそぼう

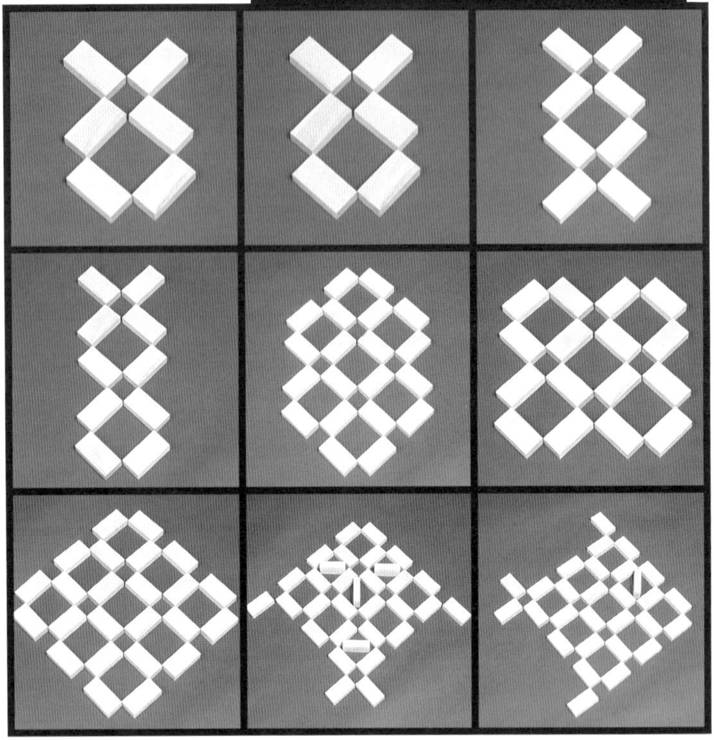

四角形をどんどんつないでいくと……
いろんな形がでてくる

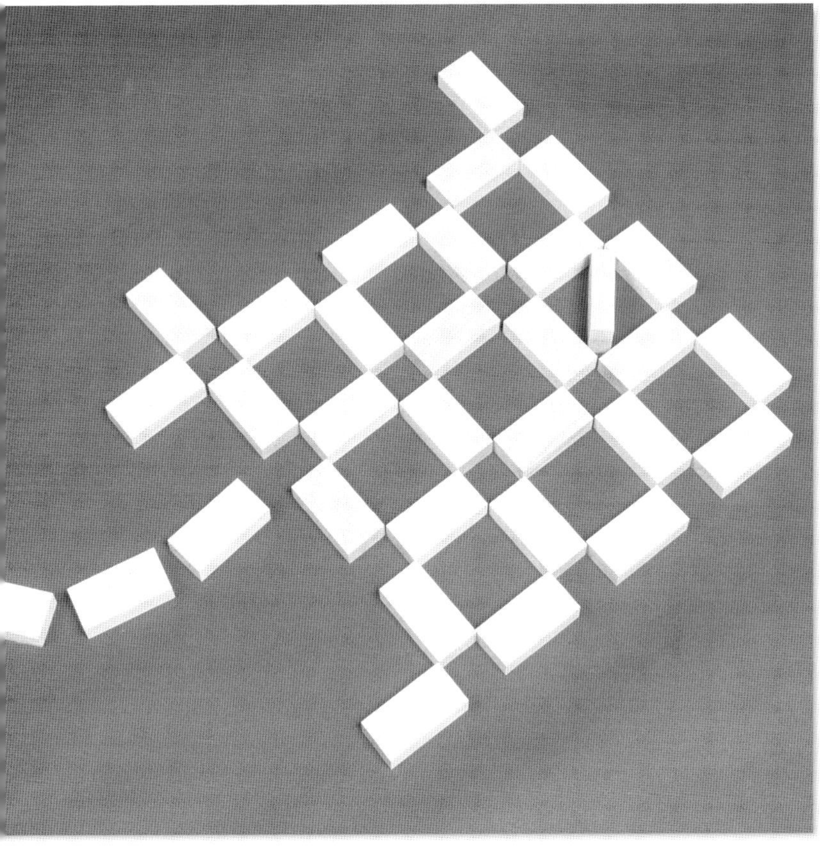

つんでみよう　まっすぐまっすぐ

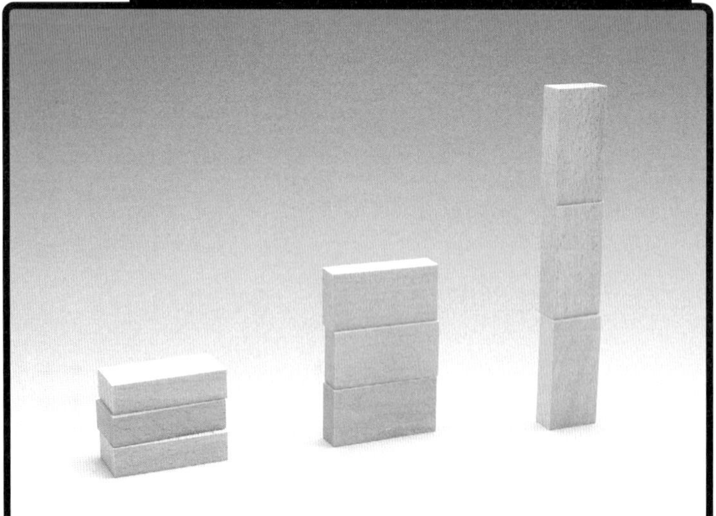

同じ3ケでもこんなにちがう

たかーく　たかーく

たがいちがいに　つんでみよう

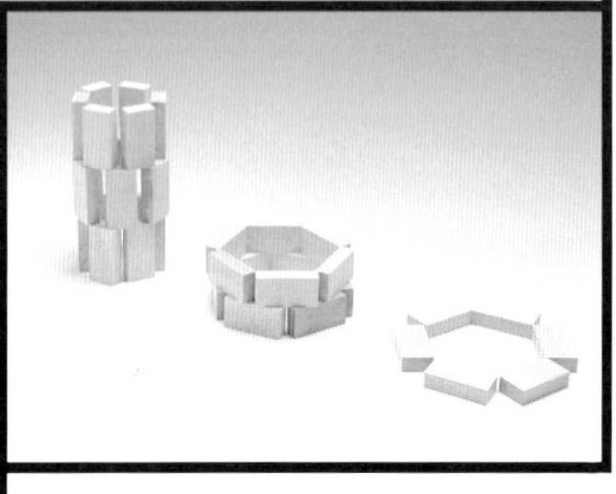

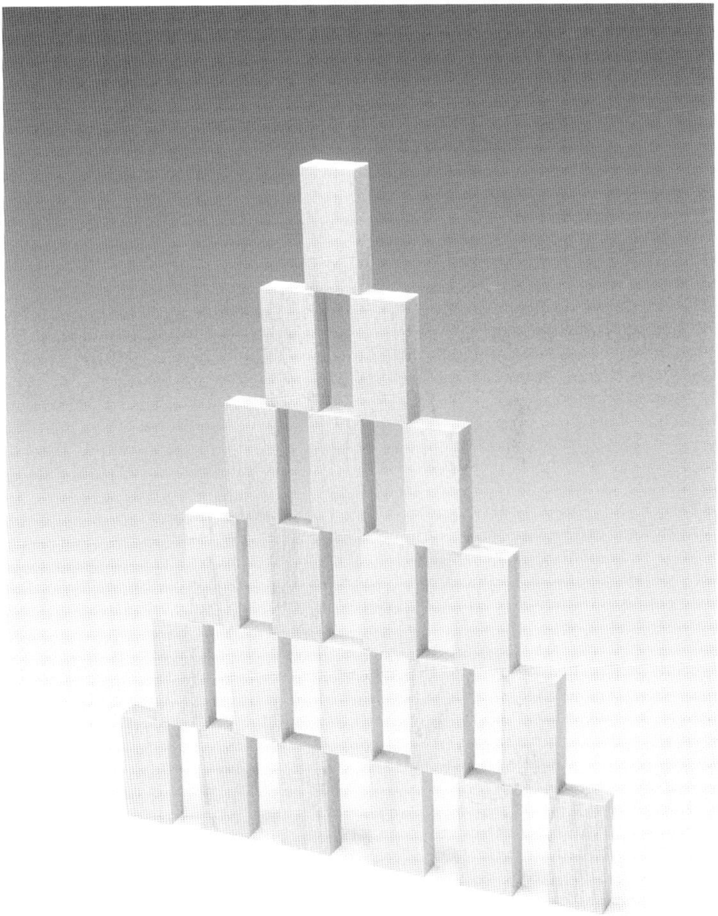

3　つんでみよう

3　つんでみよう

長《なが》い棒《ぼう》であそぼう

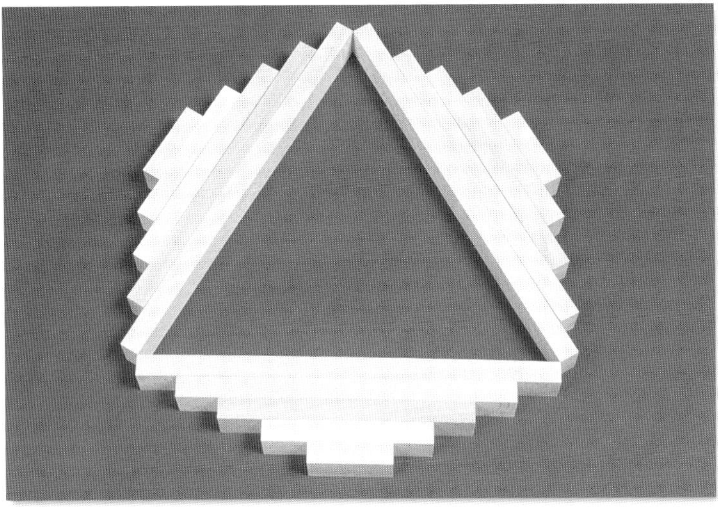

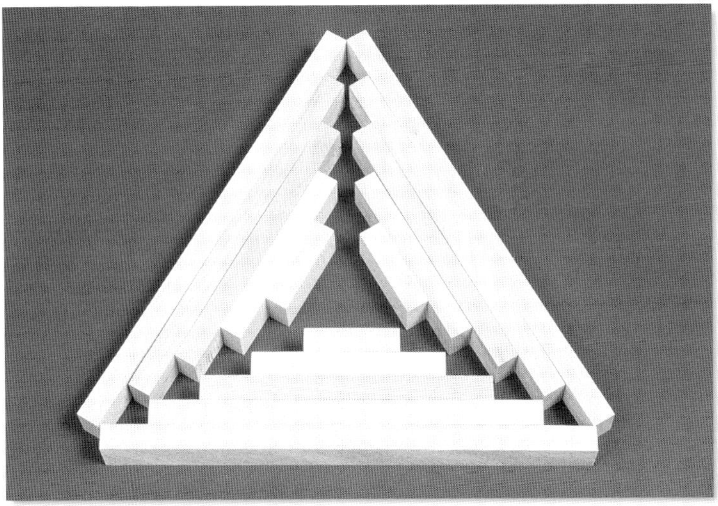

4　長い棒であそぼう

長い棒をつんでみよう

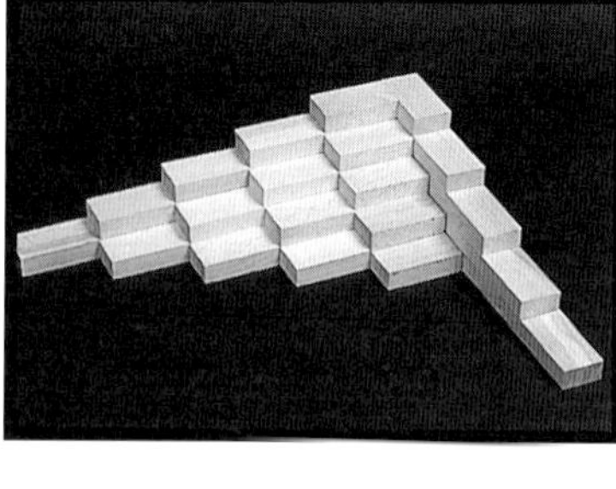

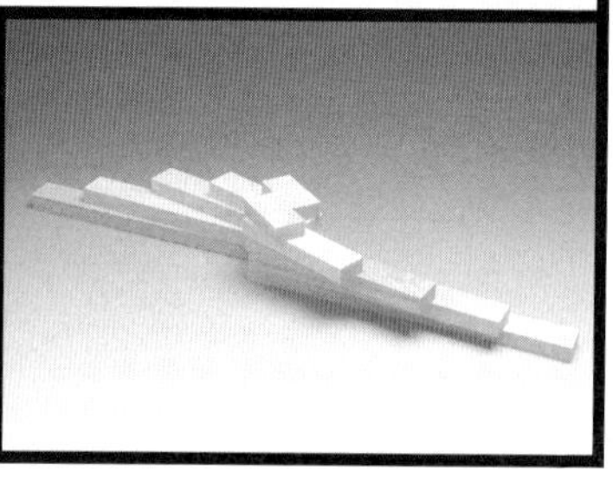

キャンプファイヤーのようにつんで

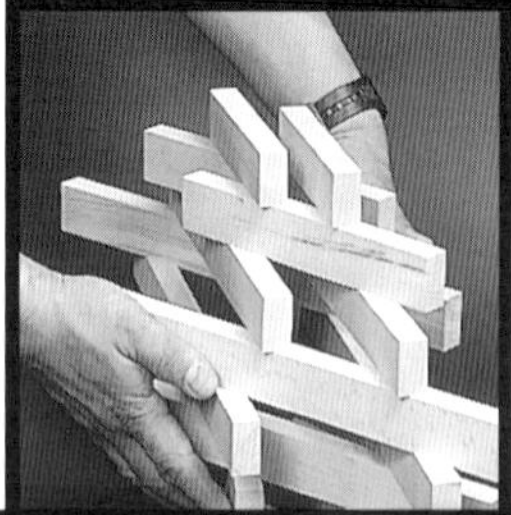

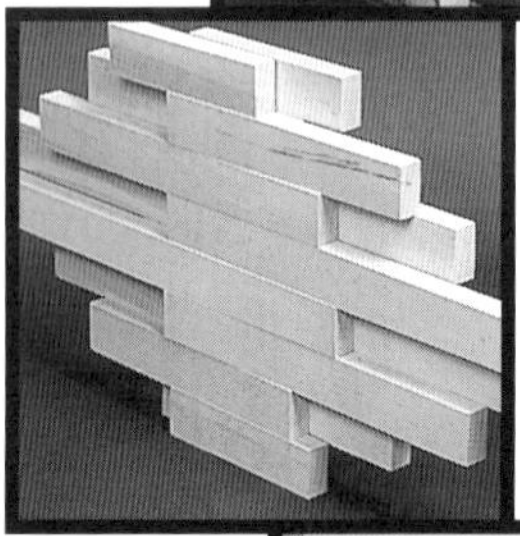

すこし　くずすと…

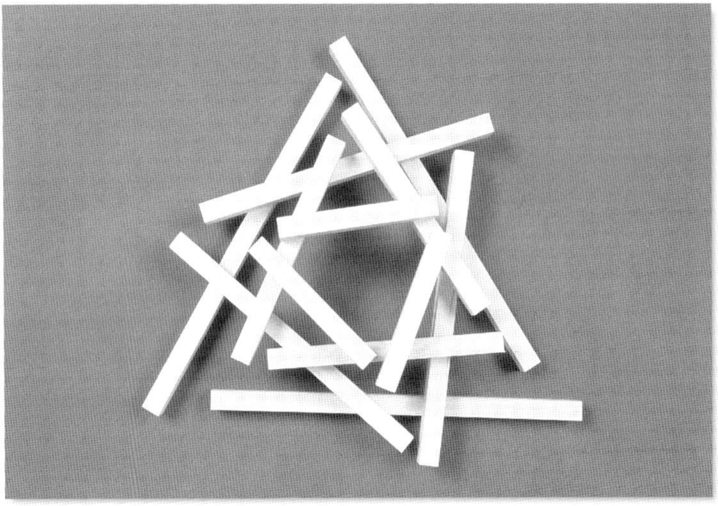

花びらみたい

つくってみよう

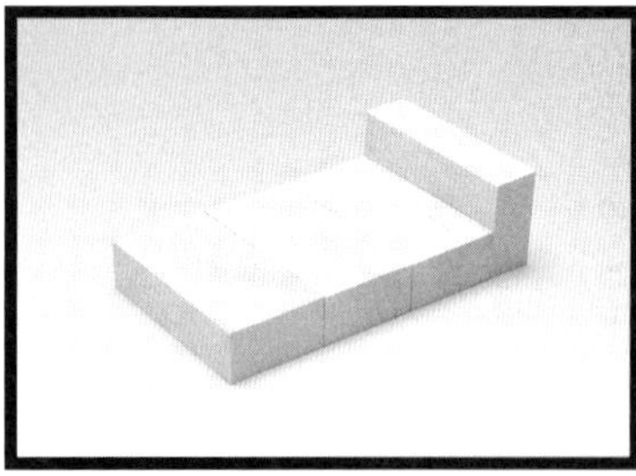

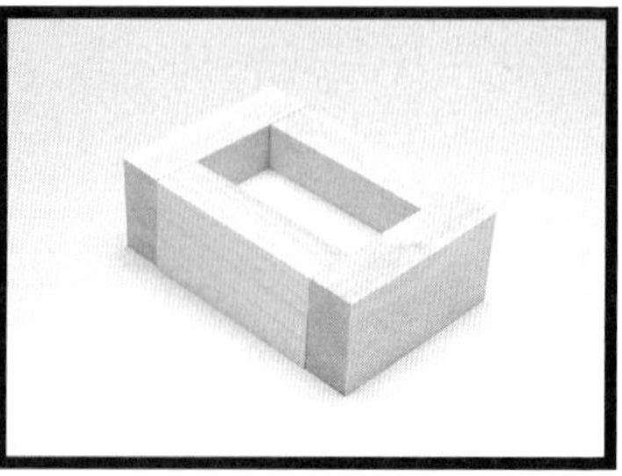

身近にあるものを
つみ木で作ってみよう

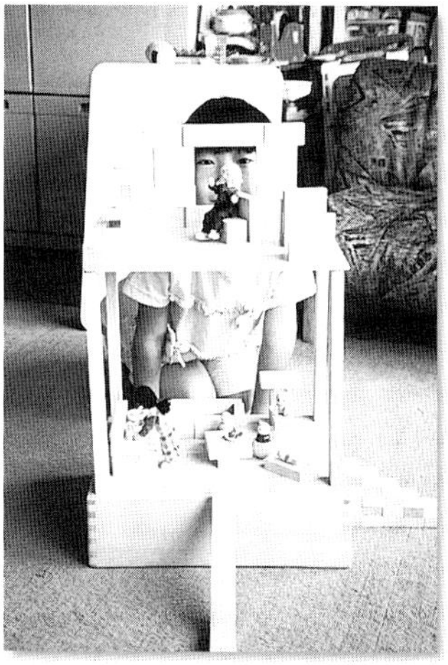

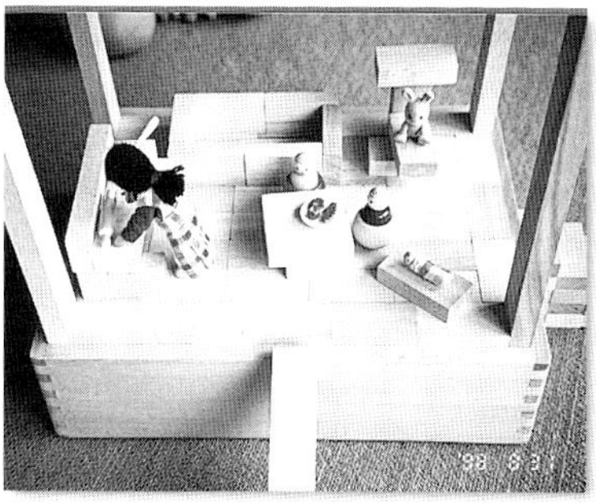

家族のドラマが始まります

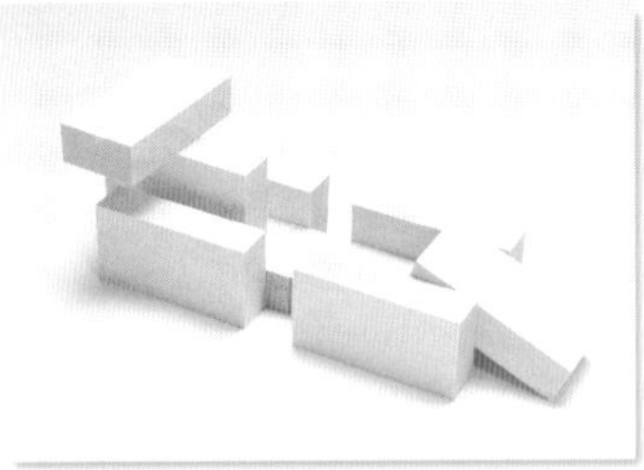

F-1

ロボット

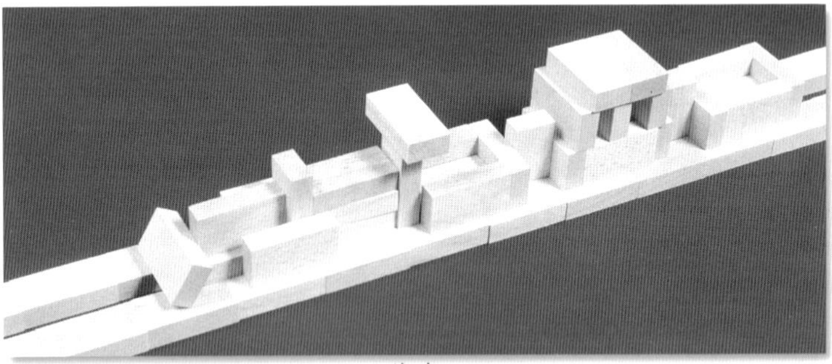

汽車

しかのおとうさん　おかあさん

ひこうき（ゴムで人形をとめている）

たくさんのロボット

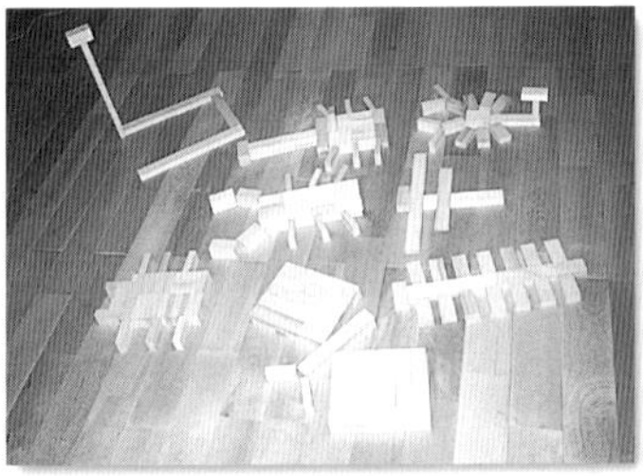

むしたち

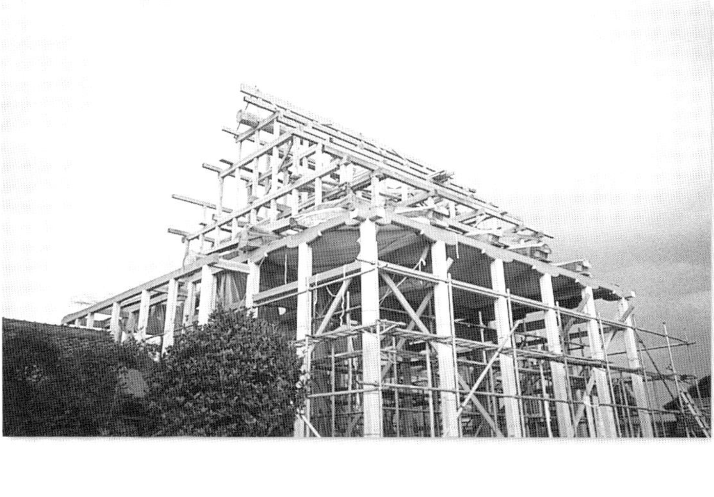

つくってみよう

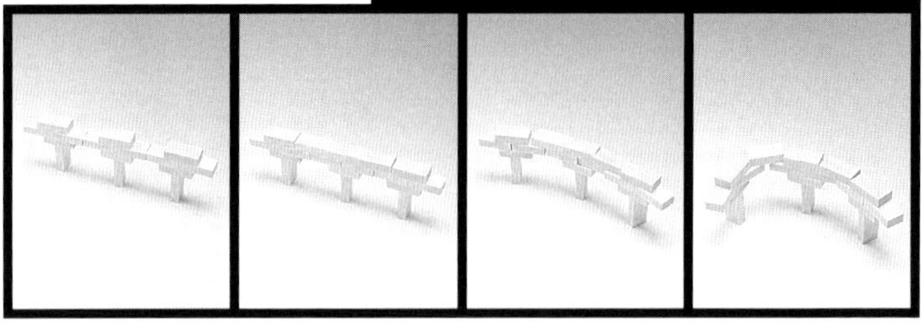

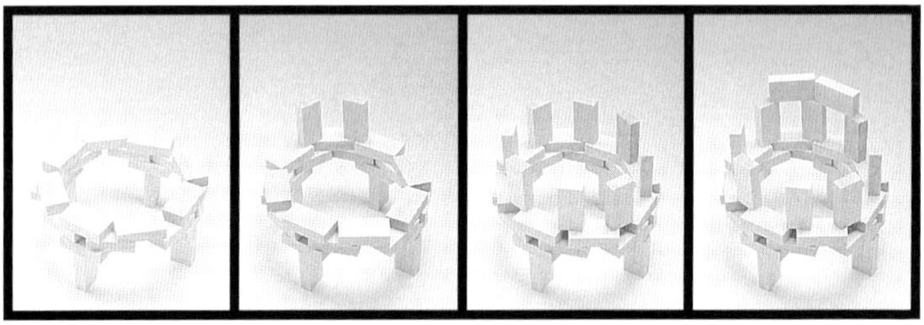

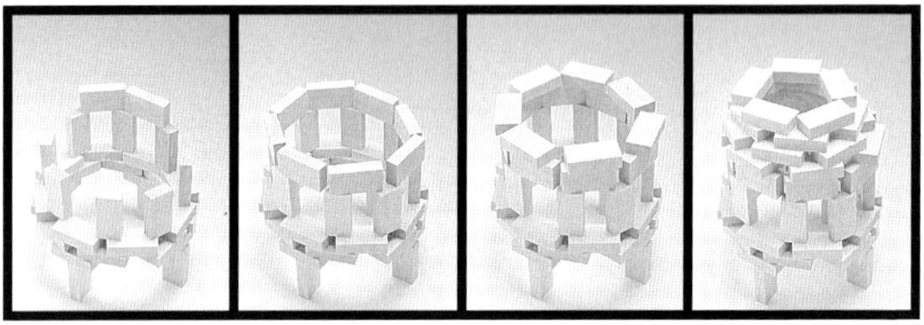

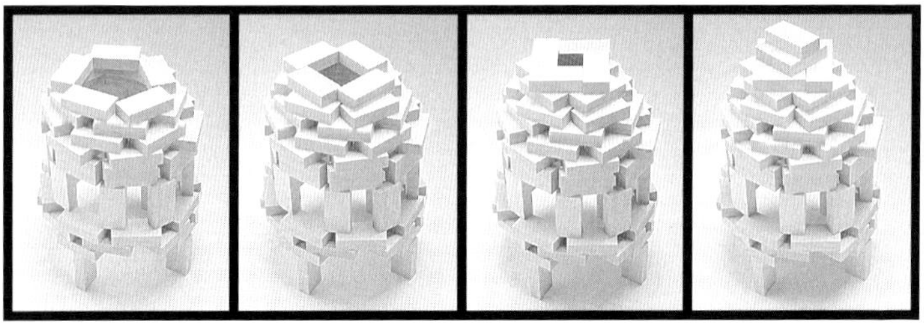

つくってみよう　塔《とう》

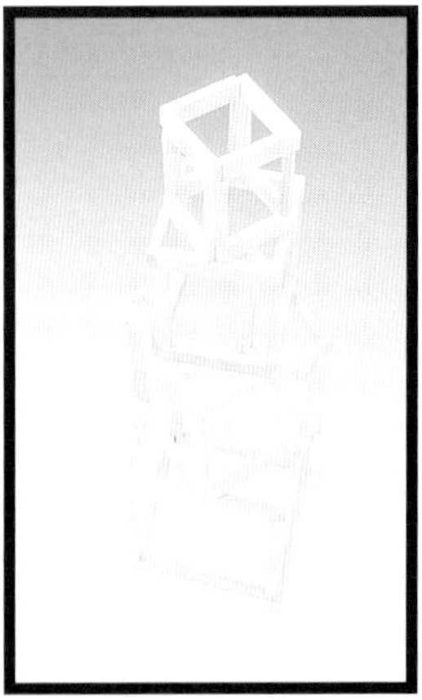

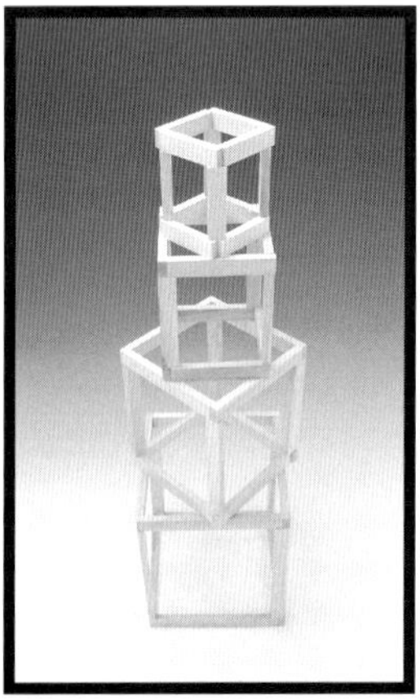

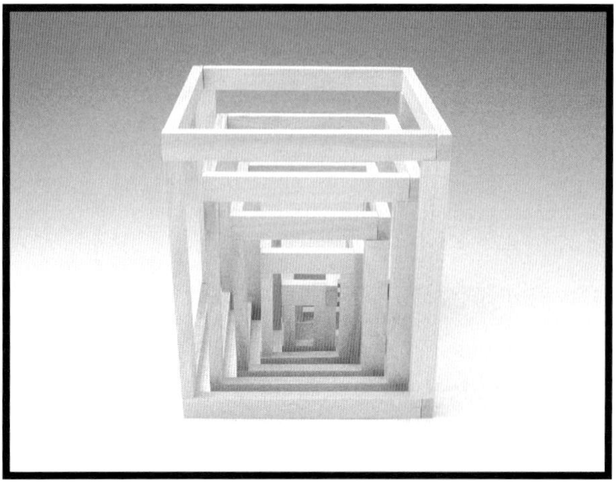

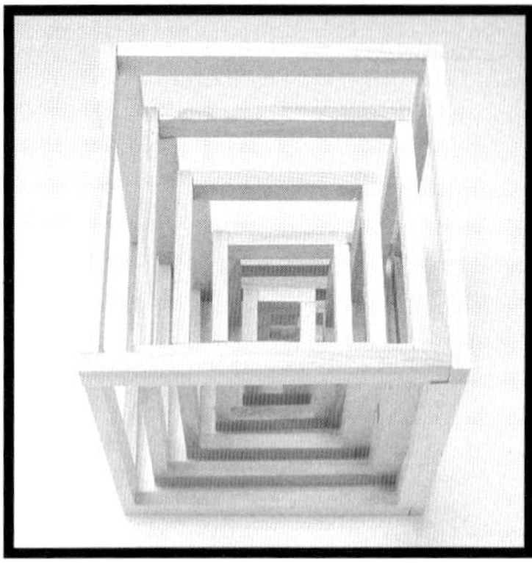

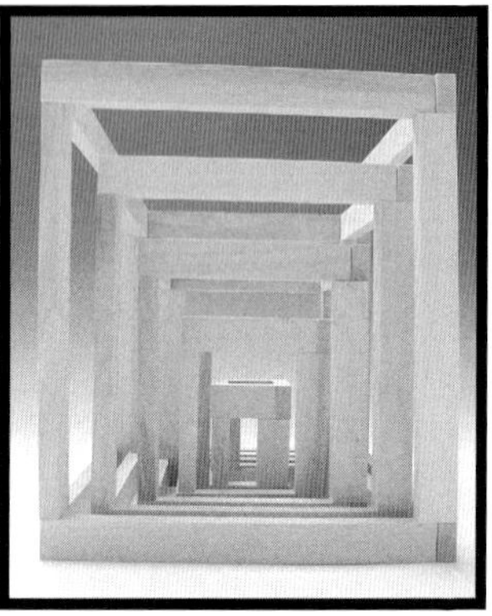

山のできあがり

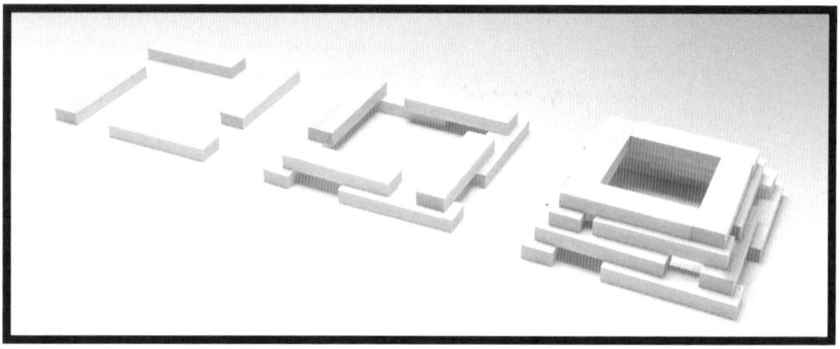

巨大ビル

かいだんをつくろう

くずれないように…　くずれてしまう…

柱があれば…　大丈夫！

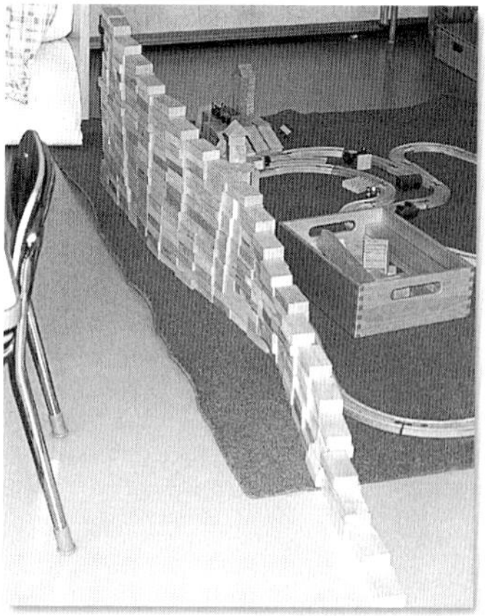

一本あしの塔

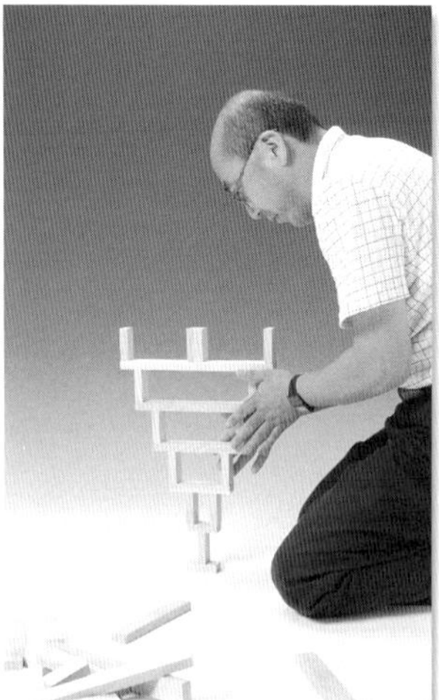

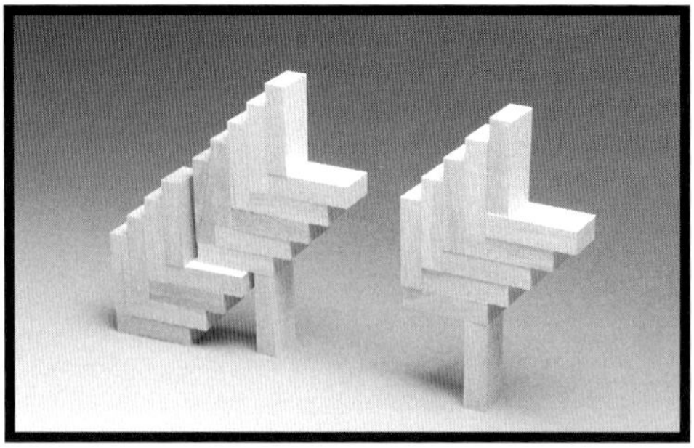

下から４段目までぬいても立つ！

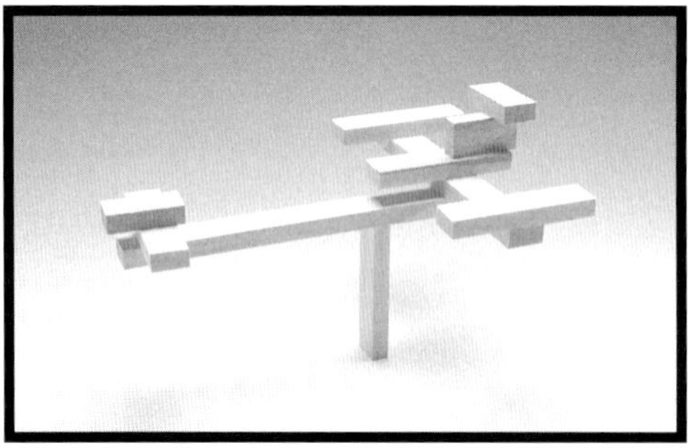

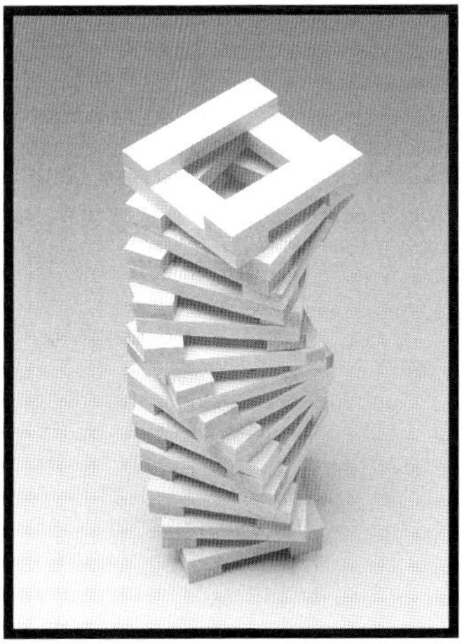

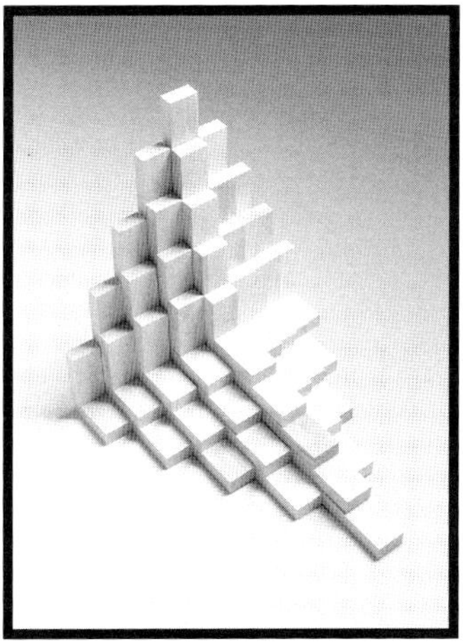

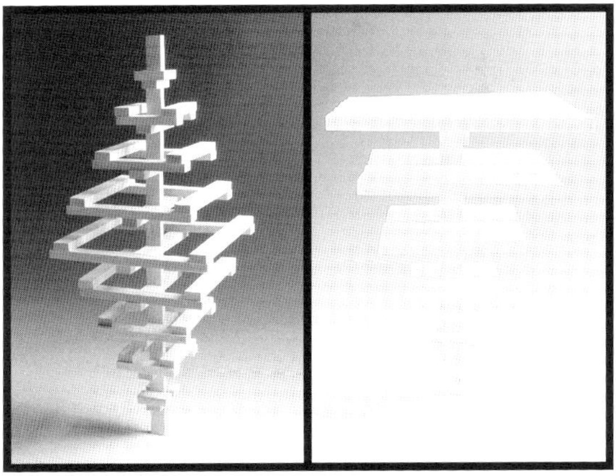

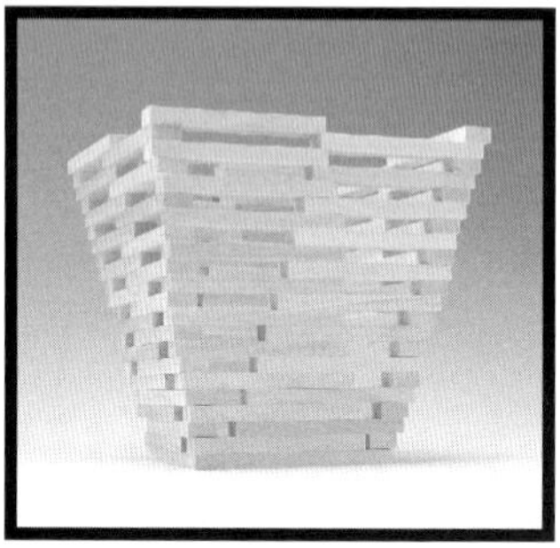

レンガ形の２倍、３倍の長い棒をたくさん使うとおもしろい

街をつくろう

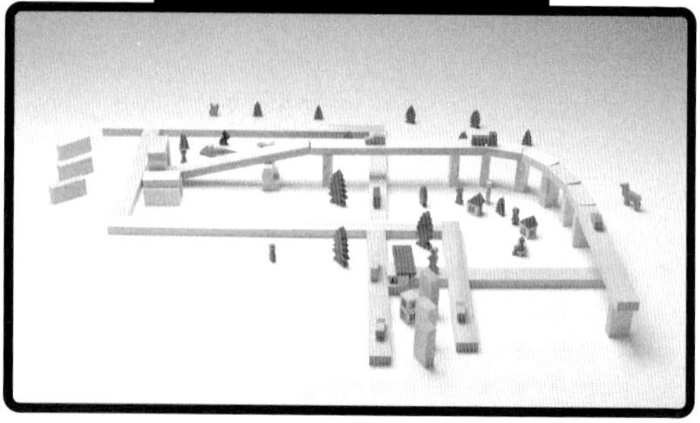

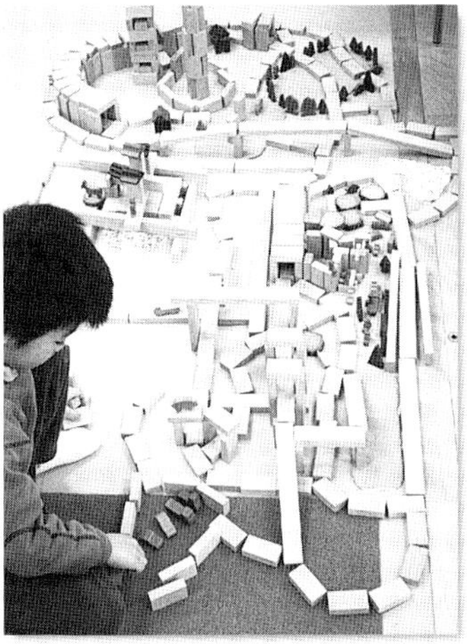

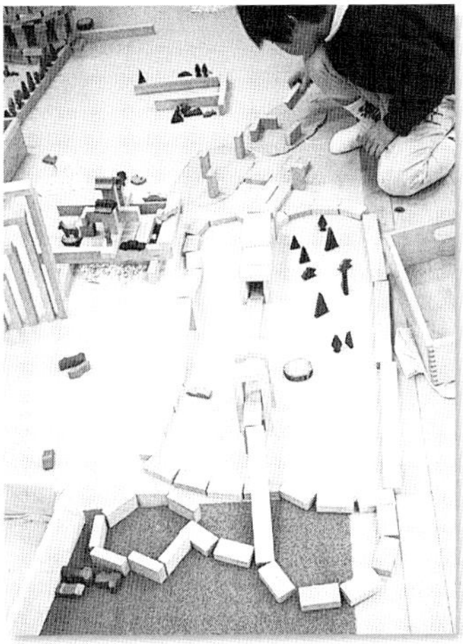

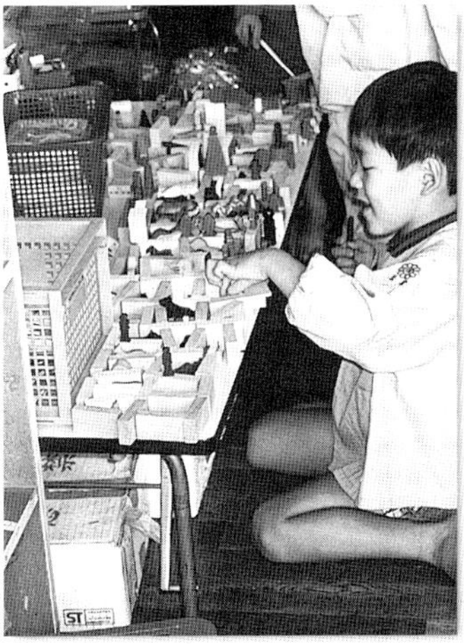

組立クーゲルバーン

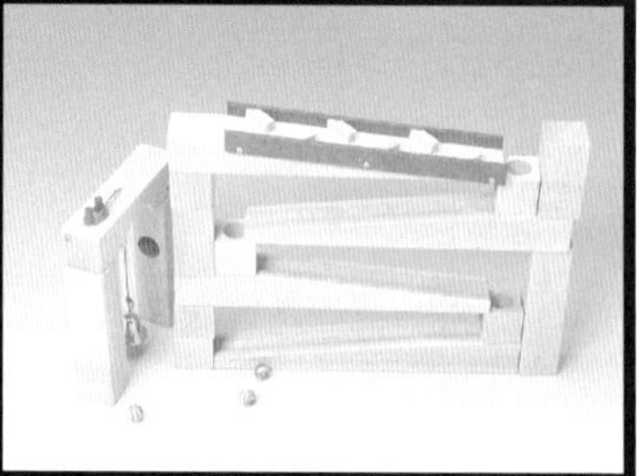

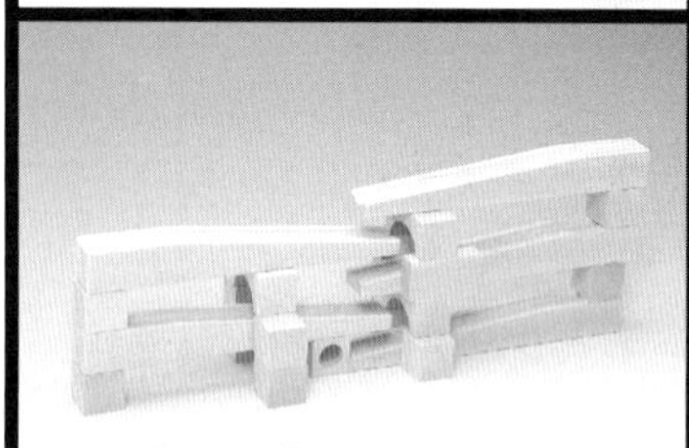

ジャンプしながらおちる

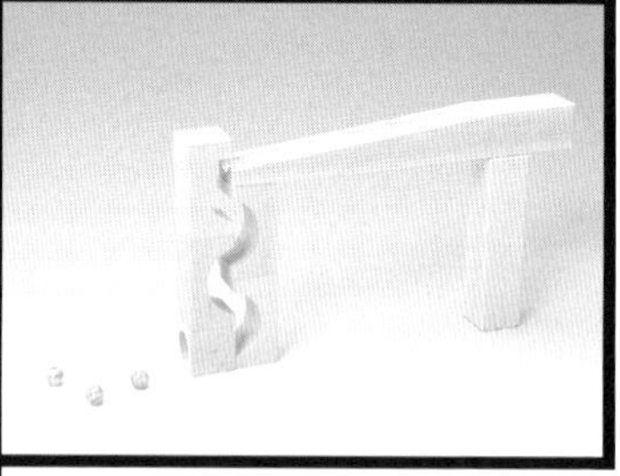

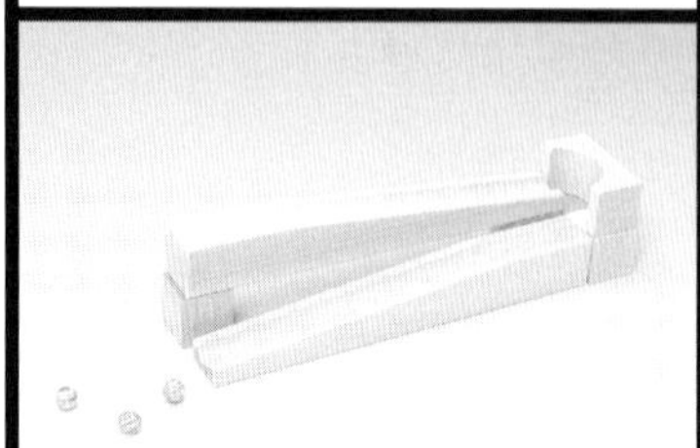

アーチを使って

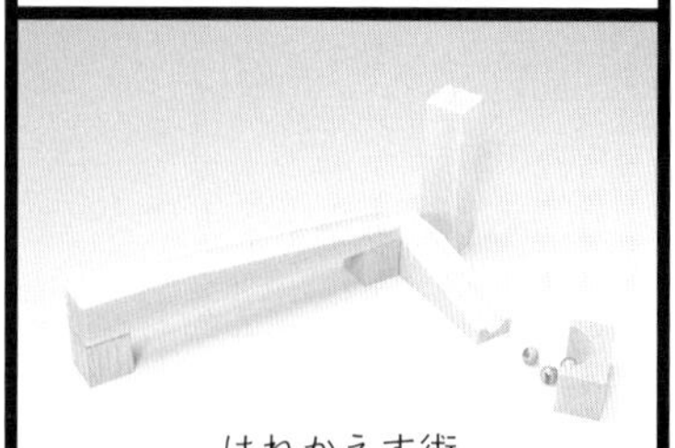

はねかえす術

組立クーゲルバーンとスカリーノの組合せ

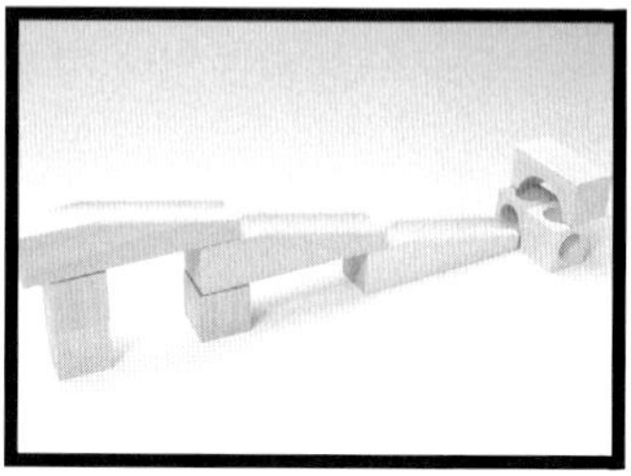

玉がふんすいのように上がって
よこから出る

スカリーノ

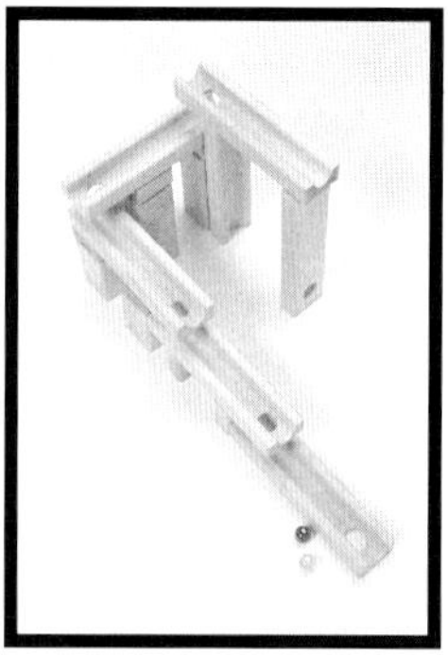

6　組立クーゲルバーン

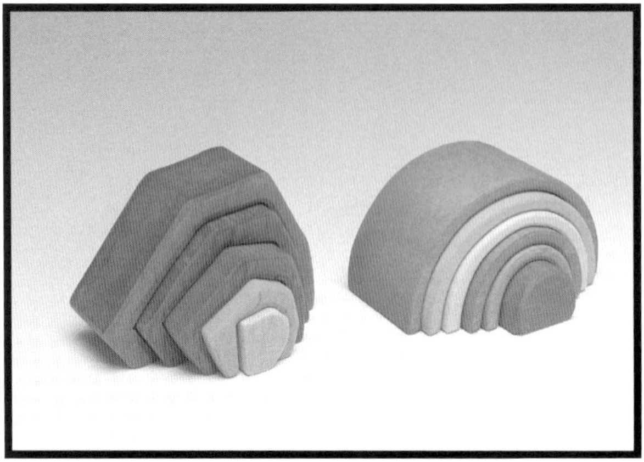

ストーン　　　　トンネルウェーブ

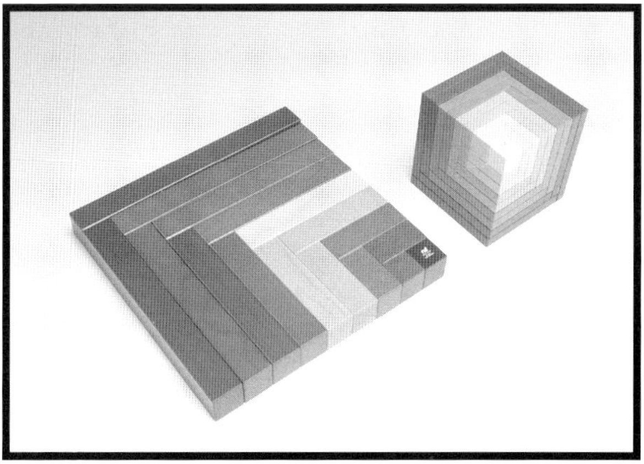

アングーラ　　　　　　　　セラ

ネフ社のセフとアングーラ

お山のつみ木　こんなつみ木もある

6　組立クーゲルバーン

子どもたちにもっとつみ木あそびを

KID'S いわき・ぱふ　岩城敏之

近年、子どもたちの遊びの主流は、ブロックが多いようです。これだと簡単に立体物が作れますが、つながり方や積み方が製作者によって決められているため、子ども自身が自由な発想で並べたり組み立てたりすることはできません。ブロックが「ずれる」「くずれる」という性質を持たないのに対して、つみ木は自然の法則に基づいて「ずれたり」「くずれたり」して子どもにバランスを感じさせます。

生活環境の時代的な変化により、いまの子どもは、日常生活の中で感覚を働かせて微調整するということが、極端に少なくなってきています。なんでも指一本でプッシュすればいいという時代にあって、子ども自身が「モノ」に対しても「人」に対しても微妙な力加減をすることが、下手になっています。わずか1ミリずれることでモノがくずれたり、たおれたりすることを自己体験し、そのわずか1ミリを微調整できる感覚や精神力、筋力をぜひ養いたいものです。

本格的なつみ木あそびが4歳からというのは、このころからあそびを通して空間性・秩序性・社会性などを身につけ始めるからです。つみ木はそのための最良のツール（道具）ではないでしょうか？　法則性を発見した子どもはよくあそびます。あそびこんだ子どもは法則を応用しさらに高度なあそびへと発展させます。子どもたちにもっともっとつみ木あそびを!!

つみ木えらびのポイント

1. 同じ型がいっぱい!
　特にレンガ型（直方体）を、集団には500ピース以上程、与えてあげたい
2. 長い棒のつみ木がいっぱい!
　長い棒のつみ木は、柱やはりになって、空間を作る大切な道具です。
3. 基尺が同一のものを!
　正立方体の一辺の長さを基本につみ木が作られています（基尺）。基尺の違うつみ木が混ざると数学的な法則性をあそぶことができなくなります。

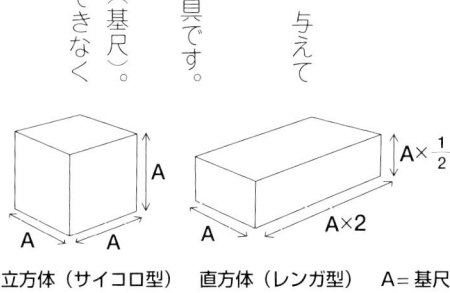

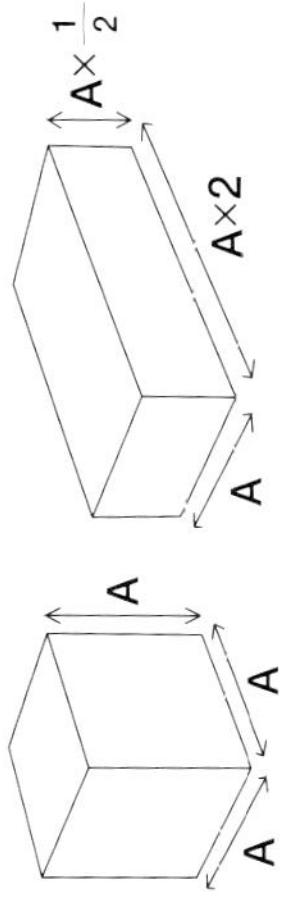

立方体（サイコロ型）　直方体（レンガ型）　A＝基尺

〈ブロックあそびとつみ木あそびの違い〉

ブロックあそび	つみ木あそび
つながり方、つみ方が人工的に指定されている	つながり方、並べ方、つみ方は自由
「ずれる」「くずれる」がない	自然の法則に基づいて、ずれたり、くずれたりするバランスを感じさせる
持ち歩ける（動的）	持ち歩けない（静的）

〈世界の主なつみ木の基尺〉

スイス	アルビスブラウン	4cm	ドイツ	デュシマ社	3.3cm
ドイツ	ハバ社	4cm	スイス	ネフ社	2.5cm
日本	プラザージョルダン社	4cm			
日本	コイデ	4cm			
日本	キッズいわき・ぱふ	4cm			

●本文中に掲載させていただきました写真の中の子どもたち

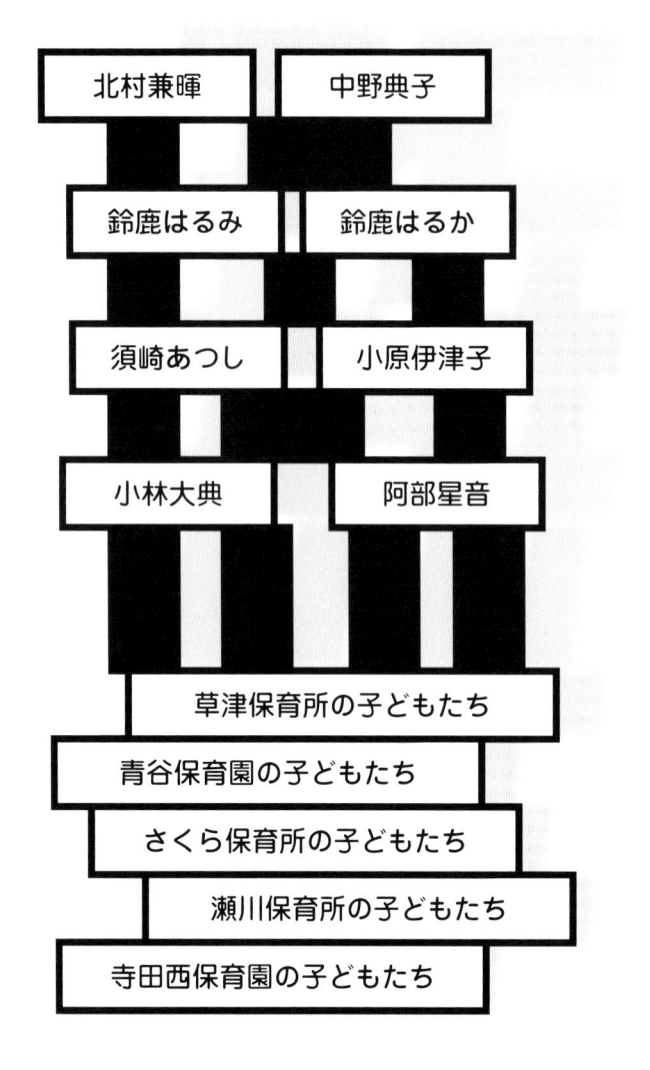

北村兼暉
中野典子
鈴鹿はるみ
鈴鹿はるか
須崎あつし
小原伊津子
小林大典
阿部星音
草津保育所の子どもたち
青谷保育園の子どもたち
さくら保育所の子どもたち
瀬川保育所の子どもたち
寺田西保育園の子どもたち

＊ご協力ありがとうございました
（敬称は略させていただきました）

岩城敏之（いわき　としゆき）

1956年3月5日生。同志社大学経済学部卒業。

1987年、絵本とヨーロッパの玩具の店「ぱふ」を開業。

KBS TV「アムアム830」に1年半レギュラー出演。

1989年より6年間、マッキー総合学園・日本こども文化専門学院講師。

絵本『メチャクサ』翻訳（アスラン書房）・『シーザーのハにかんぱい』翻訳（アスラン書房）・『デイジー』『デイジーはおかあさん』翻訳　（アスラン書房）・かいじゅうくんとかえるくんのシリーズ絵本『あかちゃんとおるすばん』『はがいたいかいじゆうくん』『たのしいうんどう』『うみのぼうけん』翻訳（アスラン書房）・『子育てのコツ（正・続）』『かしこいおもちゃの与え方』『子どもが落ち着ける7つのポイント』『子どもの遊びを高める大人のかかわり』『笑ってまなぶ子育てのコツ』『家庭教育力を育む保育』『赤ちゃんのおもちゃ』（三学出版）

NHK『すくすく赤ちゃん』「赤ちゃんのおもちゃ特集」（93年3月号）「赤ちゃんとのコミュニケーション術」（93年1月号）・「おもちゃであそぼう　」（94年3月号）・「おもちゃの教室」（98年9月号）

現在　（有）キッズいわき・ぱふ代表・日本おもちゃ会議会員・日本こどもの発達研究所講師

子どもたちにおもちゃを貸し出し、遊ぶ様子を見ながら、子どもの遊びの環境や玩具・絵本について、幼稚園、保育園、児童館の職員研修の講師として活動している。

家族は妻、2人の男の子、1人の女の子の父

京都府宇治市宇治妙楽31　〈URL〉http://www.kidspuff.com

連絡先 キッズいわき ぱふ 宇治店　TEL 0774-24-4321

つみ木あそびの本

2006年4月　5日初版発行
2015年1月25日3刷発行

著　者　岩城敏之
発行者　中桐十糸子
発行所　三学出版有限会社
〒520-0013　大津市勧学二丁目13-3
（TEL/FAX 077-525-8476）
http://sangaku.or.tv

（株）NPCコーポレーション印刷・製本